Impressum
Verlag: BABADADA GmbH, Nedderfeld 112 , 22529 Hamburg
Geschäftsführer / Verlagsleitung: Harald Hof
Druck: Books on Demand GmbH, In de Tarpen 42, 22848 Norderstedt

Imprint
Publisher: BABADADA GmbH, Nedderfeld 112 , 22529 Hamburg, Germany
Managing Director / Publishing direction: Harald Hof
Print: Books on Demand GmbH, In de Tarpen 42, 22848 Norderstedt, Germany

dividir
除

186/2

quadro
黑板

sala de aulas
教室

pátio da escola
校园

professor
老师

papel
纸

escrever
书写

caneta
钢笔

secretária
办公桌

régua
直尺

livro
书

aluno
学生

mochila
....
书包

estojo de lápis
....
铅笔盒

lápis
....
铅笔

afia-lápis
....
卷笔刀

borracha
....
橡皮擦

bloco de desenho
....
画板

desenho

图画

pincel

画笔

caixa de tintas

颜料盒

tesoura

剪刀

cola

胶水

livro de exercícios

练习册

trabalhos de casa

家庭作业

número

数字

somar

加

subtrair

减

multiplicar

乘

calcular

计算

letra

字母

alfabeto

字母表

palavra

字

texto

课文

ler

读

giz

粉笔

hora

上课

registo de presenças

登记

exame

考试

certificado

证书

uniforme escolar

校服

educação

教育

enciclopédia

百科全书

universidade

大学

microscópio

显微镜

mapa

地图

cesto de lixo

废纸筐

hotel
酒店

hostel
青年旅社

casa de câmbio
外币兑换处

mala
手提箱

carro
汽车

idioma
语言

sim / não
是/否

ok / certo / correto
好的

olá
您好

intérprete
翻译员

obrigado
谢谢

quanto é que custa... ?

......多少钱？

não entendo

我不明白

problema

问题

boa noite!

晚上好！

Bom dia!

早上好！

Boa noite!

晚安！

adeus

再见

direção

方向

bagagem

行李

saco

包

mochila

双肩包

convidado

客人

quarto

房间

saco-cama

睡袋

tenda

帐篷

informação turística

旅游信息

praia

海滩

cartão de crédito

信用卡

pequeno-almoço

早餐

almoço

午餐

jantar

晚餐

bilhete

票

elevador

电梯

selo postal

邮票

fronteira

边界

alfândega

海关

embaixada

大使馆

visto

签证

passaporte

护照

transporte
交通运输

avião
飞机

navio
船

carro de bombeiros
消防车

camião
卡车

autocarro
公交车

barco a motor
汽艇

bicicleta
自行车

carro
汽车

cacilheiro

摆渡船

barco

小船

mota

摩托车

carro de polícia

警车

carro de corrida

赛车

carro alugado

租车

carsharing

拼车

camião de reboque

拖车

camião do lixo

垃圾车

motor

发动机

combustível

汽油

estação de serviço

加油站

sinal de trânsito

交通标志

trânsito

交通

congestionamento de trânsito

交通堵塞

parque de estacionamento

停车场

estação ferroviária

火车站

carris

轨道

comboio

火车

elétrico

电车

carruagem

货车

helicóptero

直升机

aeroporto

机场

torre

塔

passageiro

乘客

contentor

集装箱

caixa de papelão

纸板箱

carrinho

手推车

cesto

篮子

levantar voo / aterrar

起飞/降落

cidade
城市

aldeia

村庄

centro da cidade

市中心

casa

房子

cinema
电影院

publicidade
广告

poste de iluminação
路灯

CINEMA

rua
街道

táxi
出租车

peão
行人

quiosque
小吃店

passeio
人行道

cruzamento
十字路口

passadeira para peões
斑马线

caixote do lixo
垃圾箱

semáforo
红绿灯

cabana

小屋

apartamento

公寓

estação ferroviária

火车站

câmara municipal

市政厅

museu

博物馆

escola

学校

universidade

大学

banco

银行

hospital

医院

hotel

酒店

farmácia

药房

escritório

办公室

livraria

书店

loja

商店

florista

花店

supermercado

超市

mercado

市场

loja de departamentos

百货商店

peixaria

鱼店

centro comercial

购物中心

porto

海港

parque

公园

banco

长凳

ponte

桥

escadas

楼梯

metro

地铁

túnel

隧道

paragem de autocarro

公交车站

bar

酒吧

restaurante

餐馆

caixa de correio

邮筒

sinal de trânsito

路标

parquímetro

停车计时器

jardim zoológico

动物园

piscina

游泳馆

mesquita

清真寺

cidade - 城市

quinta

农场

poluição

污染

cemitério

墓地

igreja

教堂

parque infantil

操场

templo

寺庙

paisagem
地形

folha
树叶

placa de sinalização
指示牌

caminho
路

prado
草地

pedra
石头

árvore
树

caminhantes
徒步旅行者

rio
河

relva
草

flor
花

vale

峡谷

montanha

山

lago

湖

floresta

森林

deserto

沙漠

vulcão

火山

castelo

城堡

arco-íris

彩虹

cogumelo

蘑菇

palma

棕榈树

mosquito

蚊子

mosca

苍蝇

formiga

蚂蚁

abelha

蜜蜂

aranha

蜘蛛

besouro

甲虫

sapo

青蛙

esquilo

松鼠

ouriço

刺猬

lebre

野兔

coruja

猫头鹰

pássaro

鸟

cisne

天鹅

javali

野猪

veado

鹿

alce

麋鹿

barragem

水坝

turbina eólica

风力发电机

painel solar

太阳能电池板

clima

气候

empregado de mesa
服务员

menu
菜单

cadeira
椅子

sopa
汤

pizza
披萨饼

talheres
餐具

toalha de mesa
桌布

entrada
前菜

prato principal
主菜

sobremesa
甜点

bebidas
饮料

comida
食物

garrafa
瓶子

fast food

快餐

comida de rua

街边小吃

bule de chá

茶壶

açucareiro

糖盒

porção

一份饭菜

máquina de café expresso

意式咖啡机

cadeira alta

高脚椅

conta

账单

bandeja

托盘

faca

刀

garfo

餐叉

colher

勺子

colher de chá

茶匙

guardanapo

餐巾

copo

玻璃杯

prato

碟子

prato de sopa

汤盘

pires

碟子

molho

酱

saleiro

盐瓶

moinho de pimenta

胡椒磨

vinagre

醋

óleo

食用油

especiarias

调味料

ketchup

番茄酱

mostarda

芥末

maionese

蛋黄酱

restaurante - 餐馆

oferta especial
特价

cliente
顾客

laticínios
乳制品

fruta
水果

carrinho de compras
购物车

talho

肉铺

padaria

面包房

pesar

称重

vegetais

蔬菜

carne

肉

alimentos congelados

冷冻食品

charcutaria

冷盘

comida enlatada

罐头食品

detergente em pó

洗衣粉

doces

甜食

artigos domésticos

日用品

produtos de limpeza

清洁用品

vendedora

销售员

caixa

收银机

caixa

收银员

lista de compras

购物清单

horário de funcionamento

开放时间

carteira

钱包

cartão de crédito

信用卡

saco

袋子

saco de plástico

塑料袋

água

水

sumo

果汁

leite

牛奶

coca-cola

可乐

vinho

红酒

cerveja

啤酒

álcool

酒

cacau

可可

chá

茶

café

咖啡

café expresso

意式浓缩咖啡

capuccino

卡布奇诺

banana

香蕉

maçã

苹果

laranja

橙子

melão

西瓜

limão

柠檬

cenoura

胡萝卜

alho

大蒜

bambu

竹子

cebola

洋葱

cogumelo

蘑菇

nozes

坚果

talharim

面条

esparguete

意大利面条

arroz

米饭

salada

沙拉

batatas fritas

薯条

batatas fritas

炸土豆

pizza

披萨饼

hambúrguer

汉堡包

sanduíche

三明治

bife panado

炸猪排

fiambre

火腿

salame

萨拉米

salsicha

香肠

galinha

鸡肉

assado

烤肉

peixe

鱼

flocos de aveia

燕麦片

muesli

穆兹利

flocos de milho

玉米片

farinha

面粉

croissant

羊角面包

carcaça (pãozinho)

面包卷

pão

面包

torrada

烤面包

biscoitos

饼干

manteiga

黄油

requeijão

凝乳

bolo

蛋糕

ovo

蛋

ovo estrelado

煎蛋

queijo

奶酪

gelado

冰激凌

açúcar

糖

mel

蜂蜜

compota

果酱

creme de nougat

巧克力酱

caril

咖喱饭

casa de quinta
农舍

celeiro
粮仓

fardo de palha
稻草捆

campo
田野

cavalo
马

reboque
拖车

potro
马驹

trator
拖拉机

burro
驴

ovelha
羊

cordeiro
羔羊

cabra

山羊

vaca

奶牛

bezerro

牛犊

porco

猪

leitão

小猪

touro

公牛

ganso

鹅

pato

鸭

pintaínho

小鸡

galinha

母鸡

galo

公鸡

ratazana

鼠

gato

猫

rato

老鼠

boi

牛

cão

狗

casota

狗屋

mangueira de jardim

花园浇水软管

regador

洒水壶

foice

长柄大镰刀

arado

犁

foice

镰刀

enxada

锄头

forquilha

长柄草耙

machado

斧头

carrinho de mão

独轮手推车

manjedoura

饲料槽

jarro de leite

牛奶罐

saco

麻布袋

cerca

栅栏

estábulo

马厩

estufa

温室

solo

土壤

semente

种子

fertilizante

肥料

ceifeira-debulhadora

联合收割机

colher

收割

colheita

收割

inhame

山药

trigo

小麦

soja

大豆

batata

土豆

milho

玉米

colza

油菜籽

árvore de fruto

果树

mandioca

树薯

cereais

谷物

chaminé
烟囱

telhado
屋顶

caleira
落水管

janela
窗户

garagem
车库

campainha da porta
门铃

porta
门

balde do lixo
垃圾桶

caixa de correio
信箱

jardim
花园

sala de estar
客厅

casa de banho
浴室

cozinha
厨房

quarto de dormir
卧室

quarto de criança
儿童房

sala de jantar
餐厅

chão

地板

parede

墙壁

teto

吊顶

cave

地窖

sauna

桑拿

varanda

阳台

terraço

露台

piscina

游泳池

máquina de cortar relvado

割草机

lençol

被单

cobertor

床罩

cama

床

vassoura

扫帚

balde

水桶

interruptor

开关

papel de parede
壁纸

imagem
照片

lâmpada
台灯

prateleira
搁架

armário
橱柜

televisão
电视机

lareira
壁炉

flor
花

almofada
垫子

sofá
沙发

vaso
花瓶

controlo remoto
遥控器

tapete
地毯

cortina
窗帘

mesa
餐桌

cadeira
椅子

cadeira de baloiço
摇椅

poltrona
扶手椅

livro

书

cobertor

毯子

decoração

装饰品

lenha

木柴

filme

电影

sistema estéreo

高保真音响

chave

钥匙

jornal

报纸

pintura

油画

póster

海报

rádio

收音机

bloco de notas

笔记本

aspirador

吸尘器

cato

仙人掌

vela

蜡烛

frigorífico
冰箱

microondas
微波炉

balança de cozinha
厨房秤

torradeira
烤面包机

detergente
洗洁精

forno
烤箱

congelador
冰柜

balde do lixo
垃圾桶

máquina de lavar louça
洗碗机

fogão
炊具

panela
锅

panela de ferro
铸铁锅

wok / kadai
炒锅

frigideira
平底锅

chaleira
水壶

panela a vapor

蒸锅

tabuleiro de forno

烤盘

louça

陶瓷锅

caneca

马克杯

tigela

碗

pauzinhos

筷子

concha de sopa

长柄勺

espátula

铲子

batedor de claras

搅拌器

escorredor

滤网

peneira

筛子

ralador

磨碎机

almofariz

研钵

churrasqueira

烧烤

lareira

明火

tábua de cortar

菜板

rolo da massa

擀面杖

saca-rolhas

开瓶器

lata

罐子

abridor de latas

开罐器

luvas de forno

隔热手套

lava-loiça

水槽

escova

刷子

esponja

海绵

liquidificador

搅拌机

arca frigorífica

冷藏箱

biberão

奶瓶

torneira

水龙头

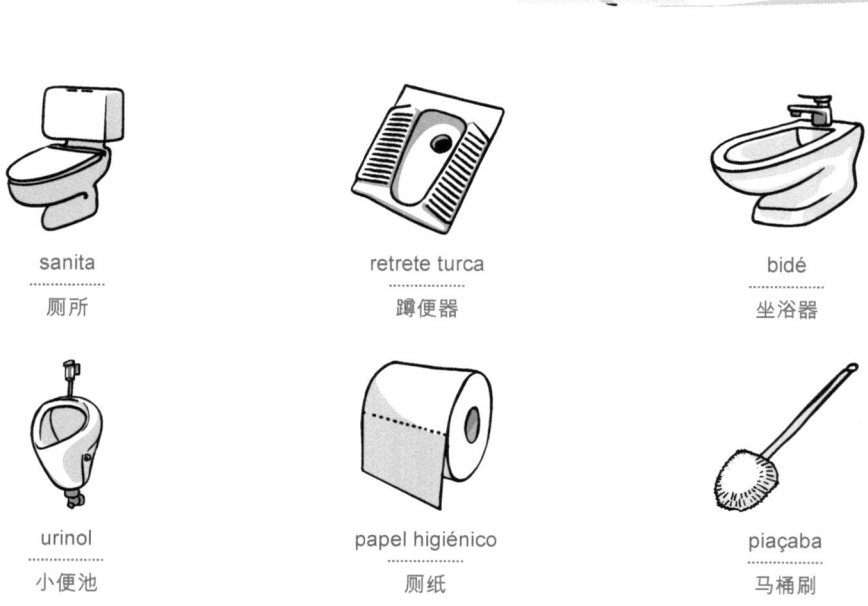

aquecimento
供暖设备

chuveiro
淋浴

toalha
毛巾

cortina de chuveiro
浴帘

banho de espuma
泡沫浴

copo
玻璃杯

banheira
浴缸

máquina de lavar roupa
洗衣机

torneira
水龙头

azulejos
瓷砖

penico
便壶

lava-loiça
水槽

sanita 厕所	retrete turca 蹲便器	bidé 坐浴器
urinol 小便池	papel higiénico 厕纸	piaçaba 马桶刷

escova de dentes

牙刷

pasta de dentes

牙膏

fio dentário

牙线

lavar

洗

chuveiro de mão

手持式喷淋头

duche íntimo

冲洗器

bacia

洗脸盆

escova para as costas

擦背刷

sabonete

肥皂

gel de banho

沐浴露

champô

洗发水

toalha de rosto

法兰绒

escoamento

排水

creme

乳霜

desodorizante

除臭剂

espelho

镜子

espelho de mão

手镜

máquina de barbear

剃须刀

creme de barbear

剃须泡沫

loção pós-barba

须后水

pente

梳子

escova

刷子

secador de cabelo

吹风机

spray de cabelo

喷发定型剂

maquilhagem

化妆品

batom

唇膏

verniz de unhas

指甲油

algodão

化妆棉

tesoura para unhas

指甲剪

perfume

香水

nécessaire

洗漱包

tamborete

凳子

balança

计重秤

roupão de banho

浴袍

luvas de borracha

橡胶手套

tampão

卫生棉条

penso higiénico

卫生巾

WC químico

化学厕所

casa de banho - 浴室

despertador
闹钟

peluche
毛绒玩具

carro de brincar
玩具车

chocalho
拨浪鼓

casa de bonecas
玩具屋

presente
礼物

balão

气球

cama

床

carrinho de bebé

（洋娃娃用）婴儿车

jogo de cartas

扑克牌

quebra-cabeças

拼图

banda desenhada

漫画

peças de Lego

乐高积木

blocos de construção

积木玩具

figura de ação

玩具人

fato de bebé

婴儿服

Frisbee

飞盘

móbile para bebé

床铃玩具

jogo de tabuleiro

棋盘游戏

dados

骰子

pista de comboio elétrico

火车模型

chupeta

安抚奶嘴

festa

聚会

livro ilustrado

绘本

bola

球

boneca

洋娃娃

jogar

玩

caixa de areia

沙坑

baloiço

秋千

brinquedos

玩具

consola de jogos

游戏机

triciclo

三轮车

ursinho de peluche

泰迪熊

guarda-roupa

衣柜

vestuário

衣服

meias

袜子

meias pelo joelho

长袜

meias-calças

紧身裤

cachecol
围巾

cinto
皮带

guarda-chuva
雨伞

t-shirt
T恤

sapatilhas
运动鞋

botas
靴子

chinelos
拖鞋

sandálias
凉鞋

sapatos
鞋

botas de borracha
雨靴

cuecas
内裤

sutiã
胸罩

camisola interior
背心

body

身体

calças

裤子

calças de ganga

牛仔裤

saia

短裙

blusa

女式衬衫

camisa

衬衫

pulôver

套头衫

camisola com capuz

卫衣

blazer

西装夹克

casaco

夹克

manto

外套

gabardina

雨衣

traje

套装

vestido

连衣裙

vestido de casamento

婚纱

fato
西装

camisa de dormir
睡袍

pijama
睡衣

sari
莎丽

lenço de cabeça
头巾

turbante
包头巾

burca
波卡

cafetã
卡夫坦

abaya
(阿拉伯式)长袍长袍

fato de banho
泳衣

calções de banho
男式泳裤

calções
短裤

fato de treino
运动服

avental
围裙

luvas
手套

botão

纽扣

óculos

眼镜

pulseira

手链

colar

项链

anel

戒指

brinco

耳环

boné

便帽

cabide

衣架

chapéu

帽子

gravata

领带

fecho de correr

拉链

capacete

头盔

suspensórios

背带

uniforme escolar

校服

uniforme

制服

babete
围兜

chupeta
安抚奶嘴

fralda
尿不湿

servidor
服务器

armário de arquivo
文件柜

impressora
打印机

papel
纸

ecrã
显示屏

rato
鼠标

secretária
办公桌

pasta
文件夹

teclado
键盘

cesto de lixo
废纸篓

computador
电脑

cadeira
椅子

caneca de café
咖啡杯

calculadora
计算器

internet
因特网

computador portátil

笔记本电脑

carta

信件

mensagem

消息

telemóvel

手机

rede

网络

fotocopiadora

复印机

software

软件

telefone

电话

tomada elétrica

插座

fax

传真机

formulário

表格

documento

文件

comprar
买

pagar
付钱

negociar
交易

dinheiro
现金

dólar
美元

euro
欧元

yen
日元

rublo
卢布

franco suíço
瑞士法郎

renminbi yuan
人民币

rupia
卢比

caixa de multibanco
提款处

casa de câmbio

外币兑换处

ouro

金

prata

银

petróleo

石油

energia

能源

preço

价格

contrato

合同

imposto

税金

ação

股票

trabalhar

工作

empregado

职员

entidade patronal

老板

fábrica

工厂

loja

商店

agente da polícia
警官

bombeiro
消防员

cozinheiro
厨师

médico
医生

piloto
飞行员

jardineiro
....
园丁

carpinteiro
....
木匠

costureira
....
裁缝

juiz
....
法官

químico
....
化学家

ator
....
演员

motorista de autocarro

公交车司机

motorista de táxi

出租车司机

pescador

渔夫

empregada de limpeza

清洁女工

telhador

屋顶工

empregado de mesa

服务员

caçador

猎人

pintor

画家

padeiro

面包师

eletricista

电工

construtor

建筑工人

engenheiro

工程师

talhante

屠夫

canalizador

水管工

carteiro

邮递员

soldado

士兵

arquiteto

建筑师

caixa

收银员

florista

花农

cabeleireiro

理发师

controlador de bilhetes

售票员

mecânico

机械师

capitão

船长

dentista

牙医

cientista

科学家

rabino

拉比

imã

伊玛目

monge

和尚

pastor

牧师

martelo
铁锤

alicate
钳子

chave de fendas
螺丝刀

chave inglesa
扳手

lanterna
手电筒

escavadora

挖掘机

caixa de ferramentas

工具箱

escadote

梯子

serra

锯子

pregos

钉子

broca

钻机

reparar

修

pá

铲子

porcaria!

靠！

pá de lixo

簸箕

pote de tinta

油漆桶

parafusos

螺丝

instrumentos musicais
乐器

altifalante
扬声器

bateria
打击乐器

guitarra
吉他

contrabaixo
低音提琴

trompete
小号

piano

钢琴

violino

小提琴

baixo

贝斯

timbales

定音鼓

tambor

鼓

teclado

电子琴

saxofone

萨克斯管

flauta

长笛

microfone

麦克风

entrada
入口

tigre
老虎

gaiola
笼子

zebra
斑马

ração animal
动物饲料

panda
熊猫

animais

动物

elefante

大象

canguru

袋鼠

rinoceronte

犀牛

gorila

大猩猩

urso

熊

camelo

骆驼

avestruz

鸵鸟

leão

狮子

macaco

猴子

flamingo

火烈鸟

papagaio

鹦鹉

urso polar

北极熊

pinguim

企鹅

tubarão

鲨鱼

pavão

孔雀

cobra

蛇

crocodilo

鳄鱼

guarda do jardim zoológico

动物园管理员

foca

海豹

jaguar

美洲豹

pónei

矮种马

leopardo

豹

hipopótamo

河马

girafa

长颈鹿

águia

老鹰

javali

野猪

peixe

鱼

tartaruga

龟

morsa

海象

raposa

狐狸

gazela

羚羊

futebol americano
橄榄球

ciclismo
骑自行车

ténis
网球

basquetebol
篮球

natação
游泳

boxe
拳击

hóquei no gelo
冰球

futebol

英式足球

badminton

羽毛球

atletismo

田径

andebol

手球

esqui

滑雪

polo

马球

saltar
跳

abraçar
拥抱

rir
笑

andar
走路

cantar
唱

sonhar
做梦

rezar
祈祷

beijar
亲吻

escrever
书写

desenhar
画

mostrar
展示

empurrar
推

dar
给

tomar
拿

ter

有

fazer

做

ser

当

ficar de pé

站

correr

跑

puxar

拉

remessar

扔

cair

摔倒

deitar

躺

esperar

等待

carregar

携带

sentar

坐

vestir

穿衣

dormir

睡觉

acordar

醒来

olhar para

看

chorar

哭

acariciar

抚摸

pentear

梳头

falar

交谈

compreender

明白

perguntar

问

ouvir

听

beber

喝

comer

吃

arrumar

清理

amar

爱

cozinhar

做饭

conduzir

开车

voar

飞

velejar

航行

calcular

计算

ler

读

aprender

学习

trabalhar

工作

casar

结婚

costurar

缝

escovar os dentes

刷牙

matar

杀

fumar

抽烟

enviar

寄

avó
祖母

avô
祖父

pai
父亲

mãe
母亲

bebé
婴童

filha
女儿

filho
儿子

convidado

客人

tia

阿姨

tio

叔叔

irmão

兄弟

irmã

姐妹

testa
前额

olho
眼睛

ombro
肩膀

dedo
手指

cara
脸

queixo
下巴

mão
手

peito
乳房

perna
腿

braço
手臂

bebé

婴童

homem

男人

mulher

女人

menina

女孩

menino

男孩

cabeça

头

costas

背部

barriga

肚子

umbigo

肚脐

dedo do pé

脚趾

calcanhar

脚后跟

osso

骨头

anca

臀部

joelho

膝盖

cotovelo

手肘

nariz

鼻子

nádegas

屁股

pele

皮肤

bochecha

脸颊

orelha

耳朵

lábio

嘴唇

boca

嘴

dente

牙齿

língua

舌头

cérebro

脑

coração

心脏

músculo

肌肉

pulmão

肺

fígado

肝脏

estômago

胃

rins

肾脏

relações sexuais

性交

preservativo

避孕套

óvulo

卵子

esperma

精子

gravidez

怀孕

corpo - 身体

menstruação

月经

vagina

阴道

pénis

阴茎

sobrancelha

眉毛

cabelo

头发

pescoço

脖子

hospital
医院

ambulância
救护车

cadeira de rodas
轮椅

fratura
骨折

médico

医生

serviço de urgências

急诊室

enfermeira

护士

emergência

紧急情况

inconsciente

昏迷

dor

痛

ferimento

受伤

hemorragia

出血

ataque cardíaco

心脏病发作

acidente vascular cerebral

中风

alergia

过敏

tosse

咳嗽

febre

发烧

gripe

流感

diarreia

腹泻

dor de cabeça

头痛

cancro

癌症

diabetes

糖尿病

cirurgião

外科医生

bisturi

手术刀

operação

手术

CT

CT

raio x

X光

ultrassom

超声波

máscara

口罩

doença

疾病

sala de espera

候诊室

muleta

拐杖

penso rápido

石膏

ligadura

绷带

injeção

注射

estetoscópio

听诊器

maca

担架

termómetro

体温计

nascimento

出生

excesso de peso

超重

aparelho auditivo

助听器

desinfetante

消毒液

infeção

感染

vírus

病毒

HIV / SIDA

艾滋病

medicamento

药物

vacinação

接种疫苗

comprimidos

药片

pílula

药丸

chamada de emergência

急救电话

dispositivo de medição de
pressão arterial

血压计

doente / saudável

生病/健康

Socorro!

救命！

alarme

警报

assalto

突击

ataque

攻击

perigo

危险

saída de emergência

紧急出口

Fogo!

着火啦！

extintor de incêndios

灭火器

acidente

意外

estojo de primeiros socorros

急救箱

SOS

呼救信号

polícia

警察

Europa

欧洲

América do Norte

北美洲

América do Sul

南美洲

África

非洲

Ásia

亚洲

Austrália

澳洲

Atlântico

大西洋

Pacífico

太平洋

Oceano Índico

印度洋

Oceano Antártico

南冰洋

Oceano Ártico

北冰洋

Polo Norte

北极

Polo Sul

南极

Antártica

南极洲

terra

地球

país

陆地

mar

海

ilha

岛

nação

国家

estado

国家

mostrador do relógio

钟面

ponteiro das horas

时针

ponteiro dos minutos

分针

ponteiro dos segundos

秒针

Que horas são?

现在几点？

dia

天

tempo

时间

agora

现在

relógio digital

电子表

minuto

分

hora

时

semana
周

segunda-feira
周一

quarta-feira
周三

sexta-feira
周五

quinta-feira
周二

quinta-feira
周四

sábado
周六

domingo
周日

ontem

昨天

hoje

今天

amanhã

明天

manhã

早晨

meio-dia

中午

entardecer

晚上

MO	TU	WE	TH	FR	SA	SU
1	2	3	4	5	6	7
8	9	10	11	12	13	14
15	16	17	18	19	20	21
22	23	24	25	26	27	28
29	30	31	1	2	3	4

dias úteis

工作日

MO	TU	WE	TH	FR	SA	SU
1	2	3	4	5	6	7
8	9	10	11	12	13	14
15	16	17	18	19	20	21
22	23	24	25	26	27	28
29	30	31	1	2	3	4

fim de semana

周末

chuva
雨

arco-íris
彩虹

primavera
春

verão
夏

vento
风

outono
秋

neve
雪

inverno
冬

previsão do tempo

天气预报

termómetro

温度计

raios de sol

阳光

nuvem

云

neblina / nevoeiro

雾

humidade do ar

潮湿

relâmpago

闪电

trovão

打雷

tempestade

风暴

granizo

冰雹

monção

季风

inundação

洪水

gelo

冰

janeiro

一月

fevereiro

二月

março

三月

abril

四月

maio

五月

junho

六月

julho

七月

agosto

八月

setembro

九月

outubro

十月

novembro

十一月

dezembro

十二月

formas

形状

círculo

圆形

quadrado

正方形

retângulo

长方形

triângulo

三角形

esfera

球体

cubo

立方体

branco

白

amarelo

黄

laranja

橙

rosa

粉

vermelho

红

lilás

紫

azul

蓝

verde

绿

castanho

棕

cinzento

灰

preto

黑

muito / pouco

很多/少许

furioso / calmo

生气/平静

lindo / feio

美/丑

princípio / fim

首/尾

grande / pequeno

大/小

claro / escuro

明/暗

irmão / irmã

兄弟/姐妹

limpo / sujo

干净/肮脏

completo / incompleto

完整/缺失

dia / noite

白天/晚上

morto / vivo

死/生

largo / estreito

宽/窄

comestível / não comestível

可食用/非食用

mau / gentil

邪恶/善良

entusiasmado / entediado

兴奋/无聊

gordo / magro

胖/瘦

primeiro / último

第一/最后

amigo / inimigo

朋友/敌人

cheio / vazio

满/空

duro / macio

硬/软

pesado / leve

重/轻

fome / sede

饿/渴

doente / saudável

生病/健康

ilegal / legal

非法/合法

inteligente / burro

聪明/愚笨

esquerda / direita

左/右

perto / longe

近/远

novo / usado

新/旧

nada / algo

没有/有些

velho / jovem

老/幼

ligado / desligado

开/关

aberto / fechado

打开/合上

baixo / alto

安静/吵闹

rico / pobre

富/穷

certo / errado

对/错

áspero / liso

粗糙/光滑

triste / feliz

伤心/高兴

curto / longo

短/长

lento / rápido

慢/快

molhado / seco

湿/干

ameno / fresco

温暖/凉爽

guerra / paz

战争/和平

0

zero

零

1

um

一

2

dois

二

3

três

三

4

quatro

四

5

cinco

五

6

seis

六

7

sete

七

8

oito

八

9

nove

九

10

dez

十

11

onze

十一

12

doze

十二

13

treze

十三

14

catorze

十四

15

quinze

十五

16

dezasseis

十六

17

dezassete

十七

18

dezoito

十八

19

dezanove

十九

20

vinte

二十

100

cem

百

1.000

mil

千

1.000.000

milhão

百万

idiomas
语言

inglês

英语

inglês americano

美式英语

chinês mandarim

普通话

hindi

印地语

espanhol

西班牙语

francês

法语

árabe

阿拉伯语

russo

俄语

português

葡萄牙语

bengalês

孟加拉语

alemão

德语

japonês

日语

eu

我

tu

你

ele / ela

他/她/它

nós

我们

vós

你们

eles / elas

他们

quem?

谁？

o quê?

什么？

como?

怎样？

onde?

哪里？

quando?

什么时候？

nome

名字

atrás

后面

em

里面

à frente de

前面

sobre

上方

em cima

上面

debaixo

下面

ao lado

旁边

entre

中间

lugar

地点